AF509801

EXAMEN

DE LA TRAGEDIE

D'INÉS

DE CASTRO,

ET

DES PIECES

AUSQUELLES ELLE A DONNÉ LIEU.

A PARIS, PLACE DE SORBONNE.

Chez THOMELIN, Libraire de l'Uni-
versité, attenant le College
de Clugny.

M. DCC. XXIV.

Avec Approbation & Privilege du Roy.

EXAMEN
DE LA TRAGEDIE
D'INES DE CASTRO
ET DES PIECES
ausquelles elle a donné lieu.

PREMIERE PARTIE.

L'EXAMEN que je donne ici au public interesse plusieurs gens d'esprit qui ont eu part aux Critiques & autres piéces, auxquelles la Tragedie d'Inés a donné lieu : Il y auroit de la temerité à moi de porter un jugement décisif sur des Pieces qui ont pour Auteurs des Personnes dont j'estime & respecte les talens, ainsi je ne donne ce petit Ouvrage au public, que comme mes sentimens particuliers, que je soumettrai volontiers à la censure de ceux qui vou-

A

dront me faire l'honneur d'en juger comme bon leur femblera.

Avant l'impreſſion, la Tragedie d'Inés avoit plus d'approbateurs que de critiques, les ſentimens ſont à preſent plus partagez, & la lecture de cette Piece a déſabuſez quelques perſonnes qui l'avoient miſe hardiment auprés des meilleurs de Racine & de Corneille ; mais il reſte encore quelques approbateurs oppiniâtres, qui n'ont pû ſe reſoudre à ſe dédire, & s'il ſe trouve des gens qui la priſent beaucoup moins qu'elle ne vaut, ils ſont bien balancez par ceux qui en relevent le mérite au delà de ſa juſte valeur ; pour moi je l'eſtime, ſans la préferer à Phedre & à Rodogune, & crois ne point faire de tort à M. de la Motte de mettre ſa piece aprés de pareils chefs-d'œuvres.

Il eſt certain que la veſification n'eſt pas ce qui en vaut le mieux : on n'y trouve point cette vivacité poëtique qui donne tant d'éclat aux Pieces de Racine, mais on y trouve des vers dignes de la grandeur & de la majeſté de Corneille.

Moi-même armant ſon bras, j'animai ſon courage,

La fortune eſt ſouvent compagne de ſon âge ;
Je prévis qu'il feroit ce qu'autrefois je fis ,
Et me privai de vaincre en faveur de mon fils.
Il a , graces au Ciel , paſſé mon eſperance ,
Des Afriquains domptez implorant ma cle-
    mence ,
La moitié ſuit ſon char & gemit dans nos fers;
Le reſte tremble encor au fond de ſes deſerts.

Et ceux-cy :

S'il pouſſoit juſques-là l'orgueïl de ſa victoire,
D'autant plus criminel qu'il s'eſt couvert de
    gloire ,
Je lui ferois ſentir que les plusgrands exploits,
Que le ſang ne l'a point affranchi de mes loix,
Que lorſqu'à mes côtez mon peuple le con-
    temple ,
C'eſt un premier ſujet qui doit donner l'exem-
    ple ,
Et qu'un Sujet ſur qui ſe tournent tous les
    yeux ,
S'il n'eſt le plus ſoumis, eſt le plus odieux.
L'auguſte autorité ſur notre front empreinte,
Ne peut impunément ſouffrir la moindre at-
    teinte,
Et c'eſt quand il s'agit d'accomplir un traité ,
Qu'il en faut ſoutenir toute la majeſté;
Oüi, chez les Souverains dignes du Diadême ,
Leur parole ſacrée eſt le ſeul droit ſuprême ,
Et s'il faloit choiſir , je ferois voir qu'un Roy
N'a point à balancer entre un fils & ſa foy.

J'avouë que ces vers m'ont charmé:

il faudroit copier ici toute la seconde Scene du second Acte, mais je prie le Lecteur de remarquer seulement la beauté de cet endroit.

Du sang de nos sujets sages dépositaires,
Nous ne sommes pas tant leurs Maîtres que
   leurs Peres,
Au péril de nos jours il faut les rendre heu-
   reux,
Ne conclure ni paix ni guerre que pour eux,
Ne connoître d'honneur que dans leur avan-
   tage,
Et quand dans ses excés notre aveugle cou-
   rage,
Pour une gloire injuste expose leurs destins,
Nous nous montrons leurs Roys, moins que
   leurs assassins.

Je ne veux point qu'on m'accuse d'avoir copié la Piece de M. de la Motte pour faire l'apologie de ses vers, mais je renvoye le Lecteur à la derniere Sçene du premier Acte, à la cinquiéme du troisiéme, à la premiere & à la troisiéme du quatriéme, où il en trouvera assez de bons pour balancer les mauvais. Aprés tout, si tous les vers d'Inés ne sont pas de la même force, ce n'est pas un défaut assez grand pour faire perdre à M. de la

Motte tout le merite de sa Tragedie, elle
a de grandes beautez d'ailleurs, & il seroit
à souhaiter que tous ceux qui se mêlent
aujourd'hui de poësie , en fussent aussi
capable que lui. Enfin on doit toûjours
estimer la bonne volonté: M. de la Motte
a fait ce qu'il a pû pour plaire, ses efforts
ont réüssi, sa Piéce a été joüée avec suc-
cés, bien venduë & bien critiquée ; il
faut bien qu'elle ne soit pas si méchante.
Mais voyons un peu quel état on doit
faire des Critiques & autres pieces qui
ont été faites à ce sujet.

La meilleure à mon avis est celle qui
a été joüée sur le theatre des Comediens
Italiens, & depuis imprimée sous le titre
d'*Agnés de Chaillot* ; le titre seul de cette
Parodie m'a prévenu pour elle , & j'ai été
charmé de la voir si bien reçûë : outre le
plaisir de la critique, elle m'a procuré
celui même que j'aurois pû prendre à
Inés de Castro ; j'ai été en même tems
touché, rejoüi, & éclairé: la versification
en est bonne, & la conduite m'en a paru
reguliere, par raport au but qu'a eu l'auteur de critiquer une Piece où la conduite paroît assez negligée. Enfin j'en suis
sorti content ; il faut avoüer aussi que la

maniere dont elle a été reprefentée y a beaucoup contribué: mais ce qu'il y a de merveilleux, c'eft qu'elle s'eft foutenuë à la lecture, & j'ofe dire même mieux que la Piece d'Inés. Je fuis fâché que M. de la Motte n'en ait pas trouvé la critique folide ; fon amour propre ne l'auroit-il pas fait parler ainfi ? Peut-eftre que s'il connoiffoit moins fon merite, il en auroit davantage ?

Je ne dirai rien de la premiere Critique qui a paru au fujet d'Inés de Caftro, on a eu foin d'y répondre par deux autres piéces. Examinons feulement comment on y a répondu.

La premiere eft intitulée : *Reponfe à Monfieur.... fur les fentimens d'un fpectateur françois, au fujet d'Inés de Caftro.* On a trouvé un peu trop d'aigreur dans cette Reponfe ; elle accufe indirectement le fpectateur d'avoir pillé Corneille, & d'avoir *formé de toutes les Tragedies de ce grand homme, la feule qu'il a donné au public* : Je trouve cette maniere d'excufer M. de la Motte un peu hardie, il ne falloit point employer de pareils termes pour répondre au reproche qu'on lui avoit fait d'avoir copié un vers de Corneille ; s'il y a quelque chofe à reprocher à M. de la Motte , ce n'eft point de piller les autres, il n'aime que trop la nouveauté,& il en a affez mis dans fon Inés, pour le juftifier d'avoir pris un tel vers.

Cet auteur Anonime prend avec cha-leur l'intereft du Parterre , mais le Par-terre n'eft pas toûjours infaillible ; le peu de fuccés des premieres reprefentations du Myfantrope & de Britannicus , & les applaudiffemens qu'il a donné à plu-fieurs Ouvrages fort mediocres, en font une preuve. La maniere dont une Piece eft reprefentée , contribuë fouvent plus que tout autre chofe à faire répandre dans le public des préventions favorables ou défavantageufes.

Les Acteurs ,
De la gloire
Amateurs ,
Nous font croire
Aifément ,
Qu'un Ouvrage
Eft charmant ,
Leur fuffrage
Eblouït ,
Et le feu

De leur jeu
Nous séduit.
Les tourmens
Qu'ont à craindre
Deux amans,
Les fait plaindre ;
Et vainqueurs
Sur nos larmes,
Leurs malheurs
Pour nos cœurs
Ont des charmes ;
Mais malheur
A l'Auteur,
si l'Acteur
sçait seul plaire :
Le Lecteur
Est severe,
Et dément
Hardiment
Le Parterre.

L'impreſſion de la Tragedie d'Inés en doit convaincre l'Auteur de cette premiere critique ; mais il faut lui paſſer quelque choſe, ſon Ouvrage ne veut pas eſtre examiné de ſi prés.

Je ne ſçai ſi les *Reflexions faites par M ..... au ſujet des ſentimens d'un Spectateur François* ſont du même Auteur que la Réponſe ; le ſtyle de ces

deux

deux Pieces eſt aſſez conforme , & elles m'ont parû également contraires à la Tra-gedie d'Oedipe. On y démaſque, ce me ſemble, bien hardiment le Spectateur, & je ne vois pas qu'on ſoit bien fondé à lui reprocher tant d'ingratitude à l'égard de Sophocle.

L'Auteur des Reflexions défend for-tement ce Vers de Campiſtron

Il eſt comme à la vie un terme à la vertu.

Je conviens que l'épithete de *Ridicule* qu'on lui a donné èſt trop forte, & je ne trouve point Campiſtron ſi *pauvre* ; mais je crois qu'on peut mieux employer ſon tems qu'à deffendre un pareil Vers.

Pour n'en point perdre davantage ſur ces deux Pieces, paſſons s'il vous plaît à la Lettre d'un Gentilhomme de Province qui a paru enſuite.

L'Auteur n'ayant pas fait grandes dé-couvertes ſur la Piece, s'eſt attaché à critiquer la Préface ; il trouve mauvais que M. de la Motte diſe qu'on lui a fait *le même honneur que Scarron a fait à Vir-gile.* Cela ne meritoit pas d'être relevé, & je crois l'Auteur d'Inès aſſez judicieux pour n'avoir pas prétendu par là ſe com-

parer à Virgile ; il me semble que nôtre
Provincial s'est trop étendu sur le surnom
de *Justicier* que M. de la Motte a donné
à Alphonse, je veux croire qu'on ne le
lui avoit point encore attribué ; mais on
ne doit pas conclure de là, que le caractere du fils soit manqué : M. de la Motte
ne devoit point representer le fils *justi-*
cier, il n'a été ainsi nommé qu'à cause
des cruautés qu'il exerça après la mort
de son pere contre les meurtriés d'Inès ;
par consequent il n'avoit point merité ce
titre à l'âge où on le fait paroître dans
la nouvelle Tragedie.

La malignité du Critique lui en fait
trouver dans le discours que Rodrigue
fait, pour excuser la revolte de Dom
Pedre : il est étonnant que les suffrages
du public n'ayent point mis cet endroit
à l'abri de la censure ; si Rodrigue fait
souvenir le Roy de l'interest qu'il prend
à la mort du Prince, il est aisé de voir
que son seul but est de porter Alphonse
à la clemence, en lui faisant connoître
que c'est le seul interest de l'Etat qui le
fait parler, puisque son avis est si contrai-
re à ses propres interêts.

Ce que l'Auteur a le mieux remarqué

dans ſa Lettre, c'eſt l'Anacroniſme de la
Tragedie d'Inès ; il prétend qu'*il n'y a
point eu de Ferdinand ſur le trône de Caſ-
tille ,tant qu'Alphonſe fils de Denys a regné
en Portugal.* J'en tombe d'accord, mais
il avoüe lui même qu'*un Auteur Dramatique peut quelque fois falſifier certains en-
droits de l'Hiſtoire, pour menager quelque
grand incident, ou quelque belle ſituation.*.
Pourquoi donc s'acharne-t'il tant ſur cette faute ? c'eſt dit-il, que *M. de la Motte
n'en a pas tiré d'aſſez grands avantages;*
voilà ce qu'il devoit prouver, & ce que
je doute fort qu'il eut pû perſuader à
bien des gens.

A l'égard de ce qu'il dit du dénoû-
ment d'Inès de Caſtro, je trouve qu'il
n'a pas tout le tort, & je crois que M.
de la Motte auroit bien fait de nous apren-
dre *ce que Conſtance & la Reine devien-
nent*, mais on pourroit encore répondre à
cette objection: la nouvelle Tragedie eſt
intitulée Inès de Caſtro, & dès qu'on eſt
ſatisfait ſur ce qui la regarde on s'emba-
raſſe peu de Conſtance & de la Reine,
auxquelles on n'a pas pris beaucoup d'in-
tereſtdans le cours de la Piece; Quoiqu'il
en ſoit, voyons maintenant ſi l'Auteur

des Paradoxes a mieux réüffi dans fa Critique.

Il commence par avancer contre fes propres fentimens, que *la Tragedie d'I- nès pêche contre les mœurs & la vraye- femblance*. Examinons un peu quel état on doit faire des raifons qu'il en apporte.

Premierement, dit-il, *on n'a jamais rien vû dans le monde qui reffemble à la Prin- ceffe Conftance, c'eft une Heroïne chimerique & un vray fantôme* : On pouroit dire icy de l'Auteur ce que dit à peu près en pareil cas le valet de la Comedie dans la petite Piece d'Attendez-moy fous l'Orme de M. Renard, *Colin n'a pas voyagé* : En effet nôtre fiecle feroit-il affez cor- rompu, pour qu'on ne pût trouver de femme d'un fi beau caractere ? eft-il fi prodigieux de voir deux *rivales amies*, & une femme ne peut elle fe voir préfe- rer une autre, même beaucoup au def- fous d'elle, fans en tirer vengeance ? Si cela étoit ainfi, l'amour auroit aujour- d'hui bien moins de partifans, fon empire ne feroit pas fi tranquille, & l'on verroit tous les jours dans Paris des Tragedies bien plus funeftes que celle de M. de la Motte.

L'Auteur d'Inès n'a donc pas préten- du *representer les hommes tels qu'ils ne font point, & tels qu'ils ne doivent point eftre* ; il y a affûrément des femmes du caractere de Conftance, & celles qui ne lui reffemblent point, devroient lui ref- fembler, leur amour ne feroit point pour cela *à la glace*, & elles ne pafferoient point pour des *fottes & des imbeciles.*

Le Critique blâme avec un peu plus de fondement la cruauté d'Alphonfe ; il eft certain qu'*il eft contre les mœurs, qu'un pere condamne fon fils, fans exami- ner à fond toutes les raifons qui peuvent le juftifier & le fauver* ; mais il n'eft pas vray qu'Alphonfe condamne fon fils, *à caufe du mariage auquel il ne veut pas confentir* : le Roy veut bien lui donner fa grace à condition qu'il obéïffe , mais l'Arreft de fa mort eft fondé fur fa ré- volte, & s'il n'avoit point pris les armes contre fon pere, fa vie auroit toûjours été en fûreté ; on demeure à la verité d'accord qu'Alphonfe s'emporte dans le premier Acte fur le feul foupçon de fa dé- fobéïffance, mais il ne va pas jufqu'à le menacer de lui faire perdre la vie ; l'exil le plus affreux, les plus picquans mépris auroient puni ses refus, mais sa seule revolte pouvoit inspirer à son pere la barbare résolution qu'elle lui fait prendre.

Je m'étonne que l'Auteur des Paradoxes ait blâmé l'indiscretion de Dom Pedre qui déclare lui-même au Roy son amour pour Inès. L'Auteur de la Réponse aux Sentimens d'un Spectateur François avoit déja répondu a cette Objection, d'une maniere à ne rien laisser à souhaiter, je l'y renvoye pour ne point perdre inutilement mon tems sur une remarque si frivole, ne regrettant déja que trop celui que j'employe à répondre à la presente Critique.

L'Auteur blâme encore M. de la Motte d'avoir sitôt renvoyé l'Ambassadeur de Castille, mais il répond lui-même à son objection. *L'Ambassadeur n'a ordre que de complimenter le Roy de Portugal sur les Victoires de son fils; à l'égard du mariage de la Princesse*, le Roy de Castille s'en repose sur les soins de sa mere, sur l'exactitude d'Alphonse, sur les vertus de Dom Pedre, & sur les charmes de Constance. Je ne vois pas avec tout cela que l'entremise de l'Ambassadeur de Castille eut été d'un grand secours, au reste on a tort

de lui reprocher de *ne sçavoir point vi-*
vre , & d'entrer chez le Roy d'emblée &
sans estre annoncé ; on voit bien que le
Roy n'est venu là avec toute sa Cour,
que pour lui donner Audiance.

Le Critique trouve *mal imaginée la*
loy qui deffend , sous peine de la vie, au
beau sexe , de séduire le cœur du Prince
heritier de la Couronne , & cela parce que
tout le monde a deviné qu'elle étoit imagi-
née, même ceux qui n'avoient aucune tein-
ture de l'Histoire de Portugal; c'est de quoi
je ne tomberai pas d'accord , ceux qui
connoissoient l'Histoire l'ont bien vû &
ne l'ont point deviné , ceux qui ne la
connoissoient point ne se font douté de
rien & l'ont crû bonnement , jusqu'à
ce que les autres, ou la lecture de l'Histoire ou des Critiques les ait tiré d'er-
reur. L'Auteur trouve cette loy injuste
& il a raison ; il seroit assûrement de la
derniere injustice de punir de mort, une
fille qui n'auroit commis d'autre crime
que d'avoir paruë aimable à l'heritier de
la Couronne ; mais ce n'est pas là la loy
fondée par l'ayeul d'Inès ; il a fait jurer
à Alphonse de punir de mort celle qui
oseroit se lier par un nœud clandestin à

l'heritier de la Couronne, & cela est sans doute bien different, il faloit que l'Auteur s'expliquât un peu plus clairement à cet égard.

Pour achever de prouver son Paradoxe, le Critique reprend Inès de ne découvrir son mariage qu'au cinquiéme Acte, mais tout son verbiage n'en impose point, tant qu'Inès a vû quelqu'esperance pour Dom Pedre sans découvrir son secret, elle a crû le devoir cacher, d'autant plus qu'en le découvrant, elle n'auroit fait peut-être que rendre sa cause plus mauvaise ; mais quand elle voit sa perte prochaine, elle hazarde tout pour sauver ce qu'elle aime ; Est-il rien de plus naturel ? tant qu'un Medecin croit pouvoir guerir son malade avec des remedes ordinaires, il n'en employe point de violens ; mais quand tout est desesperé, il risque le tout pour le tout, & lui sauve quelque fois la vie avec des remedes qu'il n'osoit employer auparavant, de peur de la lui abreger.

Avant de passer au second Paradoxe, je ne puis m'empêcher de dire un mot du peu de menagement de l'Auteur dans ses expressions.

Constance

Constance, est, à ce que dit cet Auteur, une *sotte* & une *imbecile*, sa *bêtise* est *grossiere*, son amour *à la glace*, Dom Pedre est un *étourdi*, l'Ambassadeur un *passe-volant*, un *diseur de Phœbus*, un *précieux*, un *miserable Orateur*, un *échapé de College*; M. de la Motte fait des *bévûës*, des *fautes* contre la *bienseance*; il est d'un *ridicule* achevé: qu'il en coute la vie à une jeune fille pour avoir eu de quoi plaire à un jeune Prince: l'Auteur d'une loy si *barbare* n'étoit pas un *homme*, & *ce sage Legislateur est M. de la Motte*; Alphonse est un *bon homme*, un *vieillard foible*, un Monarque *bourgeois*, le public même a *cessé d'être clair-voyant*, quand il a cessé de *sifler* le dénouëment *ridicule* d'Inès de Castro.

En verité je ne comprens pas comment on peut se servir de pareils termes, & ne m'étonne pas si on méprise des Critiques si peu reservées.

Quelqu'ennui qu'il m'en dût couter, j'allois continuer de répondre aux Paradoxes Litteraires, mais on vient de m'en apporter une réfutation qui m'en évitera la peine, & j'aurai encore assez d'occasion d'en parler, en examinant le Antiparadoxes.

C

L'Auteur de cette Piece accuſe M. L. D. F. d'avoir *peché contre les regles de la bienſeance & de l'équité*, j'ai trouvé qu'il ne s'y étoit pas mal pris pour le prouver ; mais il ne pouſſe pas aſſez ſa pointe, & je trouve qu'il paſſe bien aiſément condamnation ſur les derniers articles du premier Paradoxe, auquel il s'étoit propoſé de répondre ; d'ailleurs il ſe trompe en parlant des Avocats qui ſe chargent de toutes ſortes de cauſes : Les Mércuriales ne ſont point faites pour le leur reprocher, & l'on n'y donne que des éloges à ceux de cette Profeſſion.

L'Auteur des Antiparadoxes avance que M. L. D. F. *n'a pas fait voir aſſez d'indulgence dans les vers qu'il cenſure* : il eſt certain qu'il en cenſure quelques uns aſſez bons, mais on en pouroit encore cenſurer quelques autres auſquels il a fait grace ; voyons ceux qu'il a mal critiqués.

Ne vaudroit-il pas mieux que de nôtre himenée
Lui-même impatient vint hâter la journée,
Qu'il en preſſât les nœuds, & que cet heureux jour
Fût marqué par ſa foy, moins que par ſon amour ?
A le précipiter qui peut donc vous contraindre ?

Je laiſſe à juger au Lecteur ſi l'Auteur des Paradoxes a eu raiſon de repren-
dre

> Ne vaudroit-il pas mieux,

mais je le prie de remarquer comme le
Critique a prit le change ſur le dernier
Vers

> A le precipiter, &c.

il a crû que *le* ſe raportoit à Dom Pedre,
& ſoutient que le precipiter ne veut pas
dire *le preſſer*, *le hâter* ; il eſt bien vray
*qu'il n'y a point de pire ſourds que ceux
qui ne veulent point entendre* ; il ne ſçau-
roit concevoir que ce *le* ſe raporte à himenée qui eſt auparavant, il n'y a que
M. L. D. F. capable d'une pareille bévûë ;

> Il vous faille *avertir ordonner* d'être heureux

avertir & *ordonner* ſe mettent fort bien
tout de ſuite, & tout le monde a admiré
l'expreſſion d'*ordonner d'être heureux*.

> Du ſang de nos Sujets ſages dépoſitaires

Ce Vers n'a paru bizare à perſonne ; où
en ſerions nous, ſi les Roys n'étoient *dé-
poſitaires de nôtre ſang*, & s'ils n'avoient
pas ſoin de nous deffendre & de nous venger de nos ennemis ?

> Ne brûle d'être Roy que pour vous faire Reine,

ſe peut dire, ſi Corneille a bien dit

C ij

J'en aï fait un Marquis, je veux en faire un Roy.

Quelle rudeſſe, quelle dureté le Critique a-t'il trouvé dans ce Vers?

Ne tranche de mes jours l'incommode durée.

On voit bien que M. L. D. F. ne ſe connoit gueres en Poëſie.

Mais laiſſons là ces minuties & voyons comment l'Auteur des Antiparadoxes prouve ce qu'il avance contre le troiſié-me Paradoxe de M. L. D. F.

Il trouve que l'*Auteur des Paradoxes Litteraires avance témerairement, que M. de la Motte écrit mal en proſe* ; il a raiſon de ſoutenir icy le parti de M. de la Motte ; il eſt certain qu'il reuſſit à merveille dans la Proſe, & ſes ennemis même lui ont toujours rendu juſtice de ce côté là ; mais l'Auteur des Antiparadoxes ne deffend pas M. de la Motte aſſez ſe-rieuſement, il veut qu'*il ſe diſtingue du vulgaire*, & il raporte un trait d'eſprit qui n'eſt gueres favorable à l'Auteur d'Inès.

L'Epitaphe de Pradon me paroit aſſez mal placée, & ce n'eſt pas élever bien haut un Poëte Dramatique que de dire de lui, que c'eſt *un troiſiéme* Corneille, fur tout s'il eſt auſſi loin du ſecond , que le ſecond l'eſt du premier.

Enfin l'Auteur des Antiparadoxes pré-tend que *M. de la Motte n'a pas fait pa-roître de vanité dans l'Avis & dans la Préface qui ſont à la tête de la nouvelle Tragedie d'Inès de Caſtro , & qu'il y a traité ſes adverſaires avec beaucoup de ménagement* : pour prouver le Paradoxe, il ne faloit point dire que M. de la Motte *n'étoit pas perſuadé qu'un Copiſte d'Ho-mere pût avoir un grand merite* : c'eſt le tourner en tidicule que de lui donner de pareils ſentimens pour les deux plus grands Poëtes de l'Antiquîté , & il n'au-roit pû s'égaler à Virgile, ſans une va-nité qui ne lui convient point du tout.

Il étoit inutile à l'Auteur des Anti-paradoxes de dire que *la Critique précoce du Spectateur François , étoit une vaine déclamation, ſans ménagement, ſans ju-ſteſſe, ſans ſolidité ; & que l'Auteur étoit un Spectateur plus Suiſſe que François , qui qui a blaſphêmé ce qu'il ignoroit.* Si M. de la Motte *s'eſt abſtenu de tous ces re-proches,* il faloit ſuivre ſon exemple & ne point paroître moins retenu que lui pour le juſtifier: Enfin quelques beautés qu'il y ait dans la Tragedie d'Inès, elle ne peut être *trop bonne pour nôtre Siecle* & un Auteur qui se soumet au jugement du Public, en doit parler avec plus de respect.

J'oubliois de parler de la petite Epigramme qui a couru au sujet de l'empressement du public pour Inès & pour sa Parodie; quoique bien des gens l'aïent vû, on ne sera peut être pas fâché de la trouver icy.

Dans Inès de Castro l'on pleure sottement,
Dans Agnès de Chaillot l'on rit sans fondtment:
Que nôtre Siecle est digne de satyre !
Et qu'aisément on se laisse leurer !
Democrite rieur pleureroit d'y voir rire.
Heraclite pleureur riroit d'y voir pleurer.

Quoique la pensée de ces deux derniers Vers soit outrée, & que l'Auteur ait eu trop peu de ménagement pour les décisions du Public, cette petite badinerie a plû, & je l'ai entendu loüer à bien des gens d'esprit.

La plaisanterie qu'on a mis dans la bouche d'Arlequin au sujet d'Inès de Castro, étoit à peu près du même goût, & elle n'a pas moins fait de plaisir: N'est-ce pas, dit-il, cette piece où il faut porter des parapluies au parterre à cause des larmes qui tombent des loges. Si jamais pensée a été outrée, c'est celle-là ; cependant elle a été applaudie ; le public aime mieux une semblable badinerie, qu'une longue dissertation ennuyeuse ; & deux ou trois saillies plaisantes font plûtôt reussir une Piece, que certaines pensées plus recherchées & plus profondes.

Quoiqu'il en soit, les Critiques qui ont paru contre Inès, n'ont fait que redoubler l'empressement du public, & je suis persuadé qu'il la reverra cet hyver avec plaisir, C'est toujours le sort des bonnes Pieces d'être beaucoup critiquées, & on ne fait pas à toutes les nouveautés qui paroissent sur le Theatre, le même honneur qu'on a fait aux Tragedies de M. de la Motte.

Si pour venger l'affront d'une Reine irritée,
On a vû le poison trancher les jours d'Inès,
Se faut-il étonner que contre son succès
La Critique se soit à tel point emportée ?
 Le vray merite fût toujours
 En butte aux traits de la Satyre,
Et si les yeux d'Inès avoient eu moins d'empire,
 Jamais on n'eut tranché ses jours.

Fin de la premiere Partie.

Comme il a paru encore plusieurs Pie-
ces au sujet d'Inès, depuis qu'on travaille
au present Examen, elles feront le sujet
d'une seconde Partie qui se trouvera chez
le même Libraire.

APPROBATION.

J'AY lû, par l'ordre de Monseigneur
le Garde des Sceaux, un Manuscrit
qui a pour titre *Examen d'Inès de Castro,*
&c. j'ai crû que l'Impression en pouvoit être permise. FAIT à Paris ce 21.
Octobre 1723.

DANCHET.

www.ingramcontent.com/pod-product-compliance
Lightning Source LLC
LaVergne TN
LVHW012111170726
843501LV00008BC/2833